Carambola tre sponde: Modelli di cerchi da mezza tavola

Dai tornei di campionato professionale

Mettiti alla prova contro i giocatori professionisti

Allan P. Sand
PBIA/ACS Istruttore di biliardo certificate

ISBN 978-1-62505-310-7
PRINT 7x10

ISBN 978-1-62505-464-7
PRINT 8.5x11

First edition

Copyright © 2019 Allan P. Sand

All rights reserved under International and Pan-American Copyright Conventions.

Published by Billiard Gods Productions.
Santa Clara, CA 95051
U.S.A.

For the latest information about books and videos, go to: http://www.billiardgods.com

Acknowledgements
Wei Chao created the software that was used to create these graphics.

Sommario

Introduzione 1
Informazioni sui layout della tabella 1
Istruzioni per la configurazione della tabella 2
Scopo dei layout 2
A: Cerchio del semipiano di base 3
   A: Gruppo 1 3
   A: Gruppo 2 8
   A: Gruppo 3 13
   A: Gruppo 4 18
   A: Gruppo 5 23
   A: Gruppo 6 28
   A: Gruppo 7 33
   A: Gruppo 8 38
B: Dentro e fuori un piccolo angolo 43
   B: Gruppo 1 43
   B: Gruppo 2 48
   B: Gruppo 3 53
C: In un piccolo angolo 58
   C: Gruppo 1 58
   C: Gruppo 2 63
D: All'interno al contrario 68
   D: Gruppo 1 68
   D: Gruppo 2 73
   D: Gruppo 3 78
   D: Gruppo 4 83
   D: Gruppo 5 88
   D: Gruppo 6 93
E: Gamba estesa 98
   E: Gruppo 1 98
   E: Gruppo 2 103
F: Gamba estesa (lunga) 108
   F: Gruppo 1 108
   F: Gruppo 2 113
   F: Gruppo 3 118

Other books by the author …

- 3 Cushion Billiards Championship Shots (a series)
- Carom Billiards: Some Riddles & Puzzles
- Carom Billiards: MORE Riddles & Puzzles
- Why Pool Hustlers Win
- Table Map Library
- Safety Toolbox
- Cue Ball Control Cheat Sheets
- Advanced Cue Ball Control Self-Testing Program
- Drills & Exercises for Pool & Pocket Billiards
- The Art of War versus The Art of Pool
- The Psychology of Losing – Tricks, Traps & Sharks
- The Art of Team Coaching
- The Art of Personal Competition
- The Art of Politics & Campaigning
- The Art of Marketing & Promotion
- Kitchen God's Guide for Single Guys

Introduzione

Questo è uno di una serie di libri di carambola 3 sponde che mostrano come i giocatori professionisti prendono decisioni, in base alla disposizione della tabella. Tutti questi layout provengono da competizioni internazionali.

Questi layout ti mettono dentro la testa del giocatore, cominciando dalle posizioni delle palle (mostrate nella prima tabella). La seconda tabella mostra ciò che il giocatore ha deciso di fare.

Informazioni sui layout della tabella

Queste sono le tre palle sul tavolo:

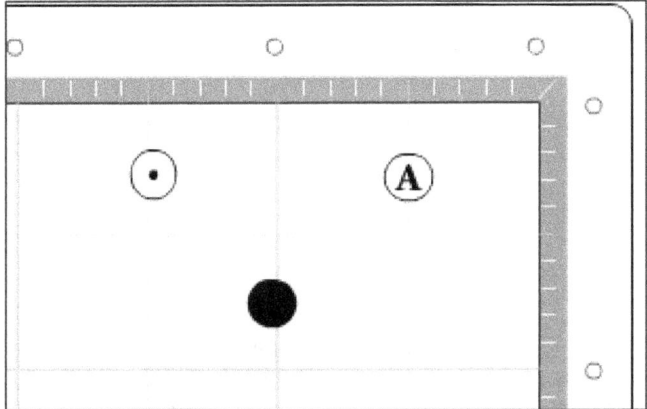

Ⓐ (CB) (la tua palla da biliardo)

⊙ (OB) (palla da biliardo dell'avversario)

● (OB) (palla da biliardo rossa)

Ogni configurazione ha due layout di tabella. La prima tabella è la posizione della palla. Il secondo tavolo è come le palle si muovono sul tavolo.

Istruzioni per la configurazione della tabella

Utilizzare anelli di rilegatura in carta per contrassegnare le posizioni della palla (acquistare presso qualsiasi negozio di forniture per ufficio).

Metti una moneta su ciascun cuscino del tavolo che la (CB) toccherà.

Confronta il tuo percorso (CB) con la configurazione della seconda tabella. Per imparare, potresti aver bisogno di diversi tentativi. Dopo ogni errore, effettuare la regolazione e riprovare finché non si ha successo.

Scopo dei layout

Questi layout sono forniti per due scopi.

- La tua analisi - A casa, puoi considerare come riprodurre la configurazione sul primo tavolo. Confronta le tue idee con il modello attuale sul secondo tavolo. Pensa alla tua soluzione e considera le opzioni. Dalla seconda tabella, puoi anche analizzare come seguire il modello. Mentalmente fai lo sparo e decidi come puoi avere successo.

- Esercitare la configurazione del tavolo - Posizionare le sfere in posizione, in base alla configurazione della prima tabella. Prova a scattare allo stesso modo del secondo modello di tavolo. Potresti aver bisogno di molti tentativi prima di trovare il modo corretto di giocare. È così che puoi imparare e giocare questi colpi durante le competizioni e i tornei.

La combinazione di analisi mentale e pratica pratica ti renderà un giocatore più intelligente.

A: Cerchio del semipiano di base

Il (CB) esce dal primo (OB) e in tre sponde. Quando (CB) esce dal terzo sponde, contatta l'altro (OB).

(A) (CB) (la tua palla) - (•) (OB) (palla dell'avversario) - ● (OB) (palla rossa)

A: Gruppo 1

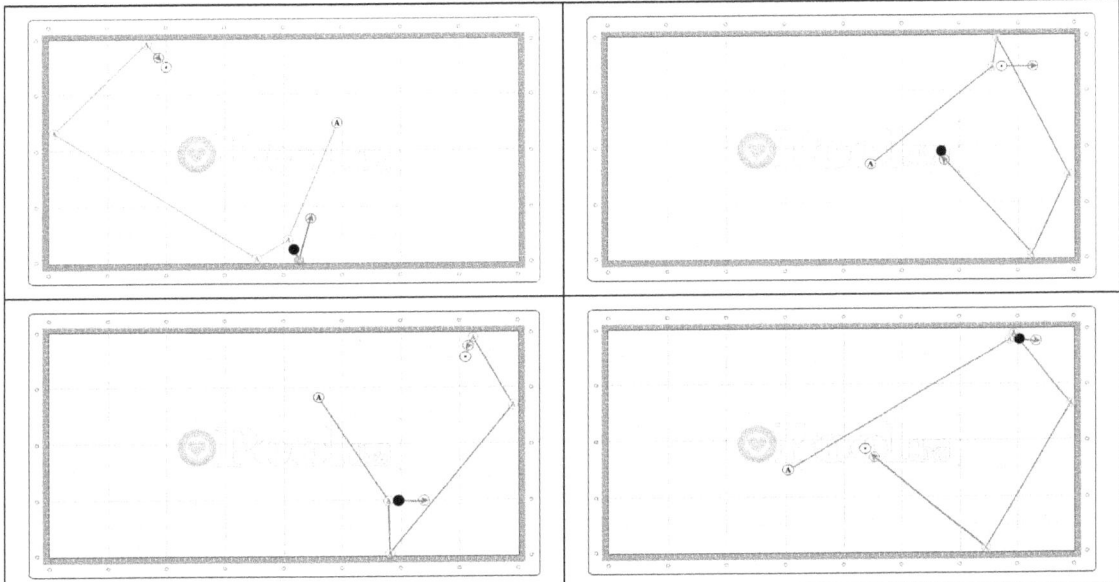

Analisi:

A:1a. _____

A:1b. _____

A:1c. _____

A:1d. _____

A:1a – Impostare

Note e idee:

Modello di colpo

A:1b – Impostare

Note e idee:

Modello di colpo

A:1c – Impostare

Note e idee:

Modello di colpo

A:1d – Impostare

Note e idee:

Modello di colpo

A: Gruppo 2

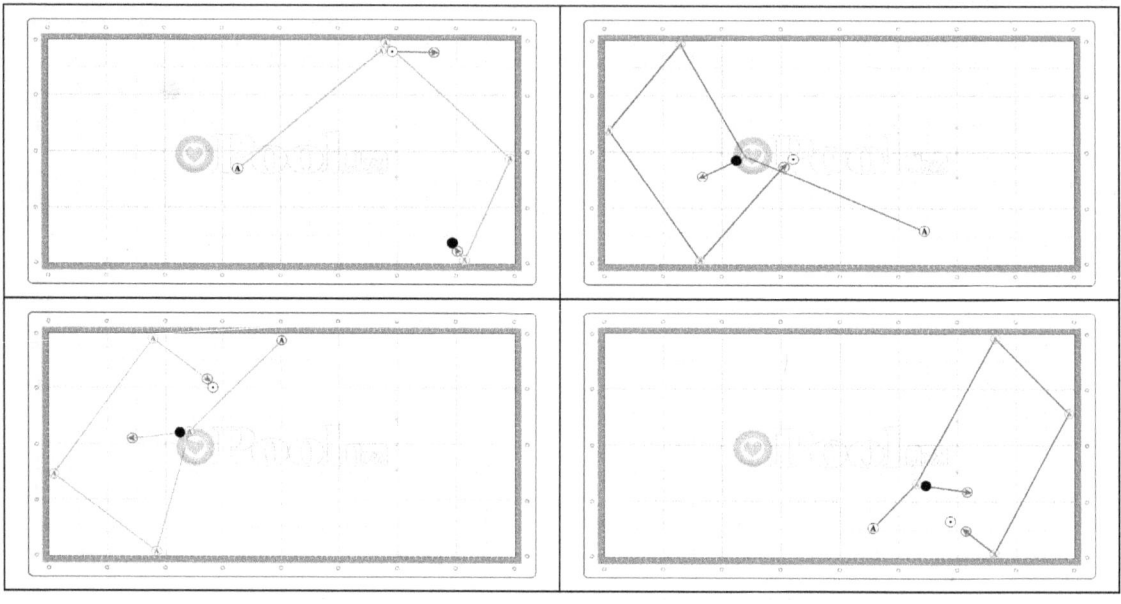

Analisi:

A:2a. _____

A:2b. _____

A:2c. _____

A:2d. _____

A:2a – Impostare

Note e idee:

Modello di colpo

A:2b – Impostare

Note e idee:

Modello di colpo

A:2c – Impostare

Note e idee:

Modello di colpo

A:2d – Impostare

Note e idee:

Modello di colpo

A: Gruppo 3

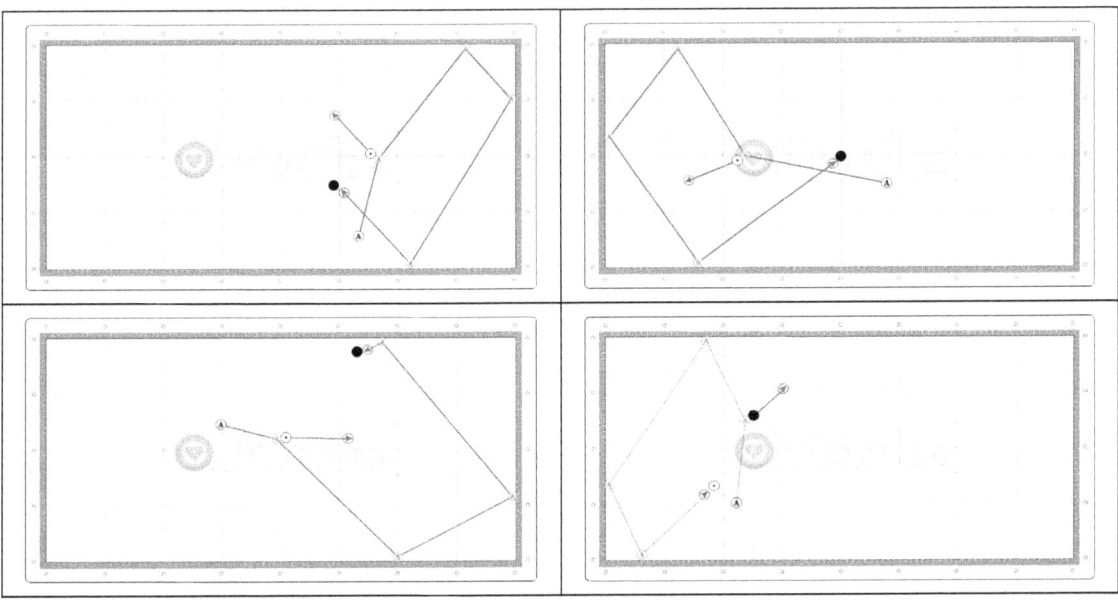

Analisi:

A:3a. _____

A:3b. _____

A:3c. _____

A:3d. _____

A:3a – Impostare

Note e idee:

Modello di colpo

A:3b – Impostare

Note e idee:

Modello di colpo

A:3c – Impostare

Note e idee:

Modello di colpo

A:3d – Impostare

Note e idee:

Modello di colpo

A: Gruppo 4

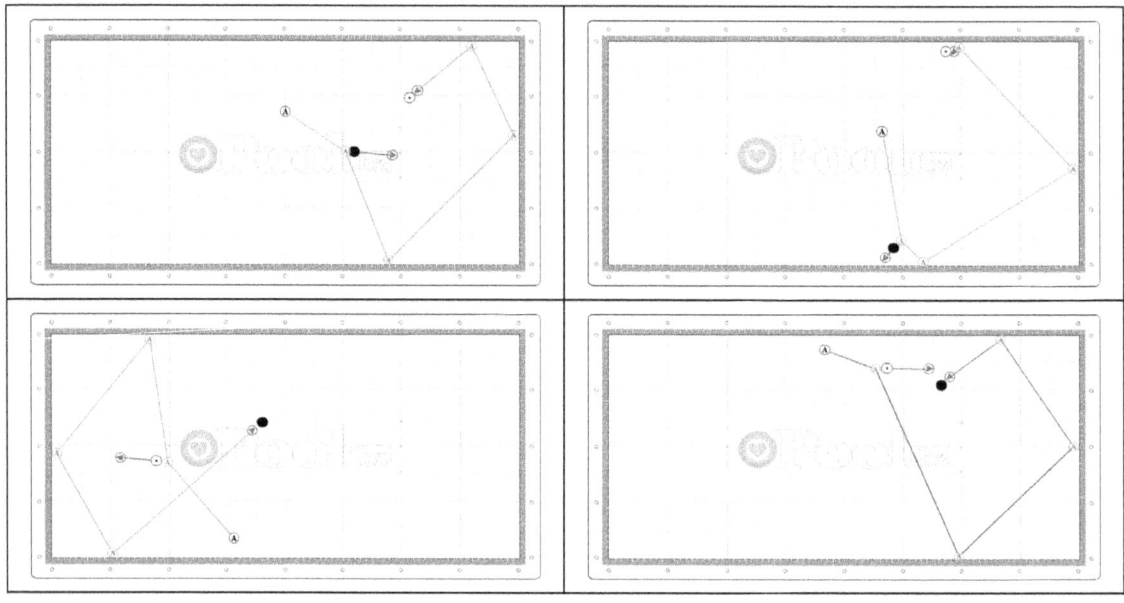

Analisi:

A:4a. _____

A:4b. _____

A:4c. _____

A:4d. _____

A:4a – Impostare

Note e idee:

Modello di colpo

A:4b – Impostare

Note e idee:

Modello di colpo

A:4c – Impostare

Note e idee:

Modello di colpo

A:4d – Impostare

Note e idee:

Modello di colpo

A: Gruppo 5

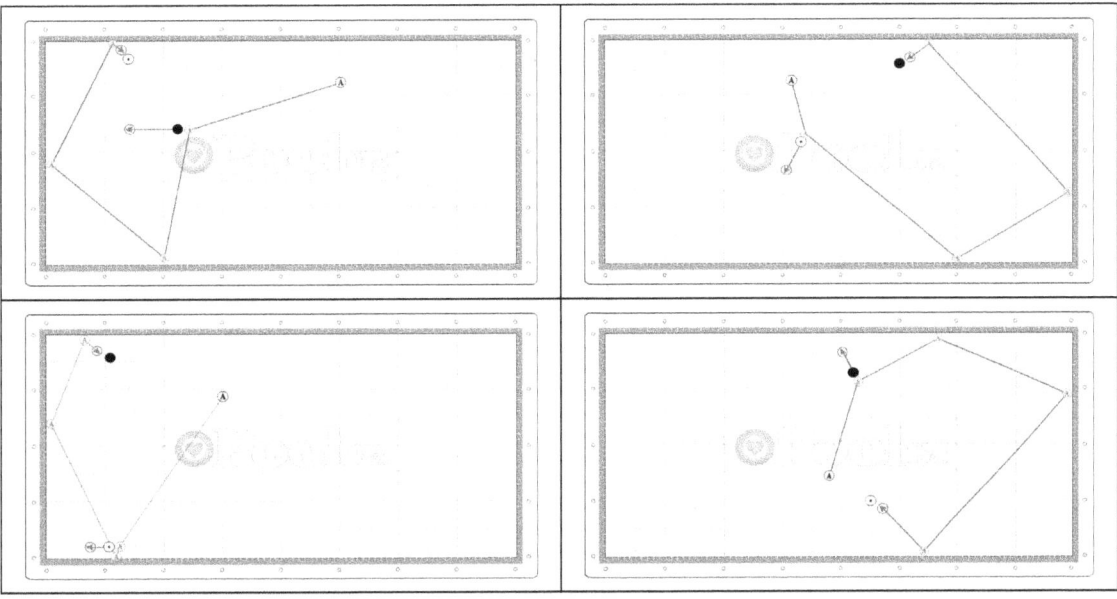

Analisi:

A:5a. _____

A:5b. _____

A:5c. _____

A:5d. _____

A:5a – Impostare

Note e idee:

Modello di colpo

A:5b – Impostare

Note e idee:

Modello di colpo

A:5c – Impostare

Note e idee:

Modello di colpo

A:5d – Impostare

Note e idee:

Modello di colpo

A: Gruppo 6

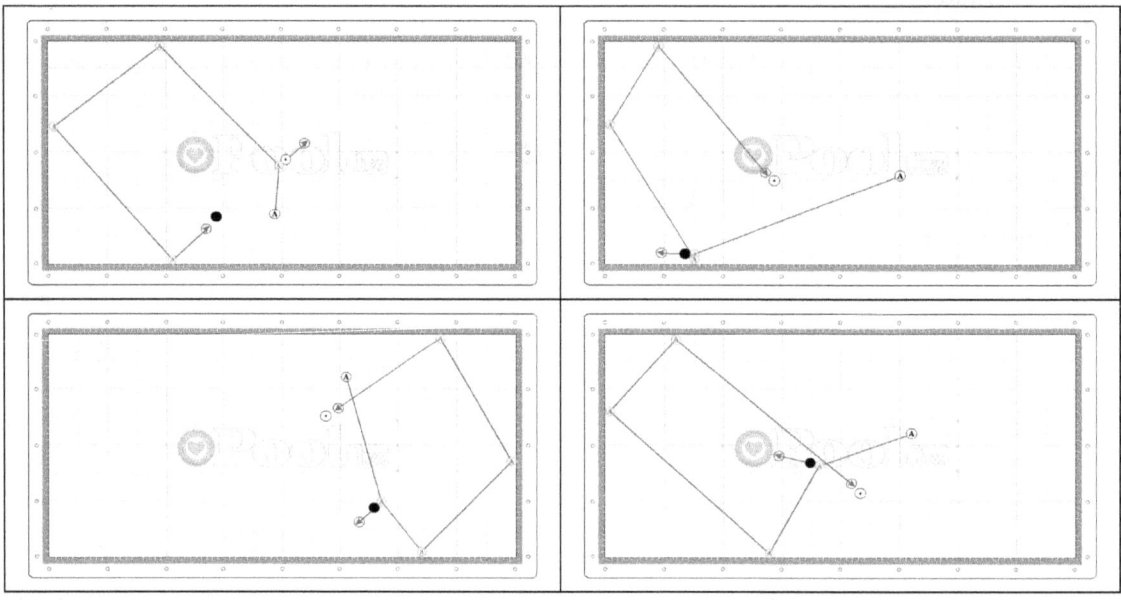

Analisi:

A:6a. _____

A:6b. _____

A:6c. _____

A:6d. _____

A:6a – Impostare

Note e idee:

Modello di colpo

A:6b – Impostare

Note e idee:

Modello di colpo

A:6c – Impostare

Note e idee:

Modello di colpo

A:6d – Impostare

Note e idee:

Modello di colpo

A: Gruppo 7

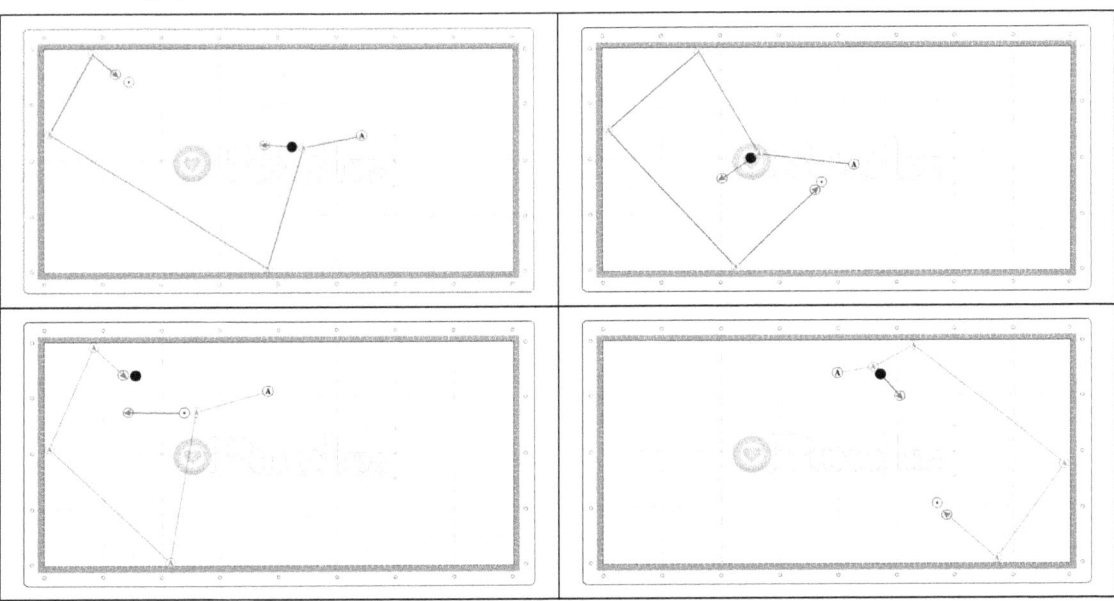

Analisi:

A:7a. _____

A:7b. _____

A:7c. _____

A:7d. _____

A:7a – Impostare

Note e idee:

Modello di colpo

A:7b – Impostare

Note e idee:

Modello di colpo

A:7c – Impostare

Note e idee:

Modello di colpo

A:7d – Impostare

Note e idee:

Modello di colpo

A: Gruppo 8

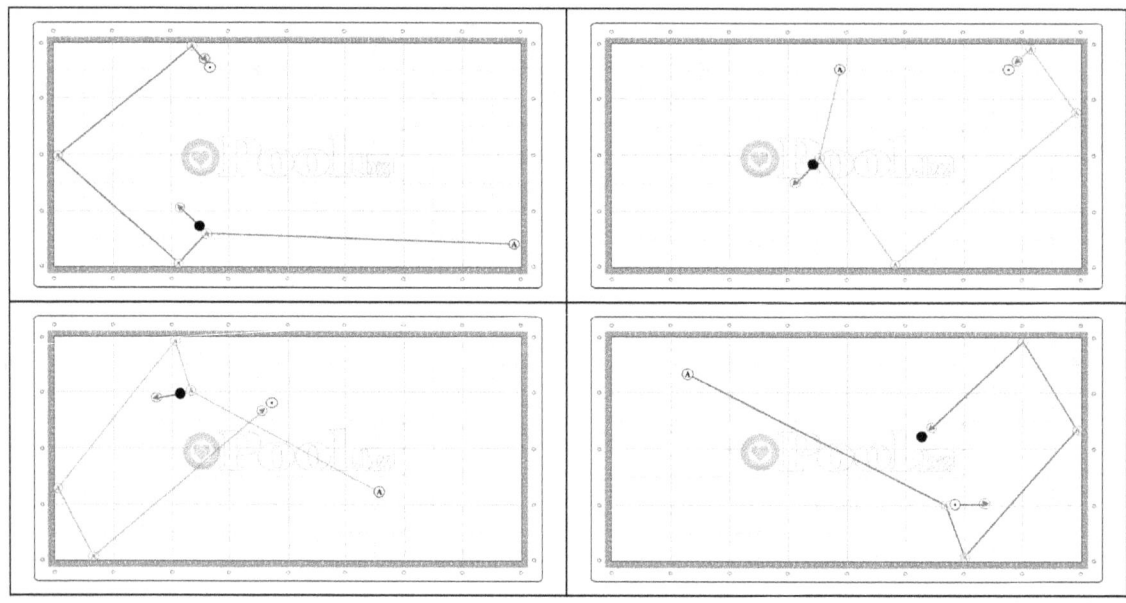

Analisi:

A:8a. _____

A:8b. _____

A:8c. _____

A:8d. _____

A:8a – Impostare

Note e idee:

Modello di colpo

A:8b – Impostare

Note e idee:

Modello di colpo

A:8c – Impostare

Note e idee:

Modello di colpo

A:8d – Impostare

Note e idee:

Modello di colpo

B: Dentro e fuori un piccolo angolo

Il (CB) si stacca dal primo (OB) nel sponde lungo. Si stacca dal lungo sponde e nell'angolo per i successivi due sponde. Quando (CB) esce dall'angolo, contatta l'altro (OB).

Ⓐ (CB) (la tua palla) - ⊙ (OB) (palla dell'avversario) - ● (OB) (palla rossa)

B: Gruppo 1

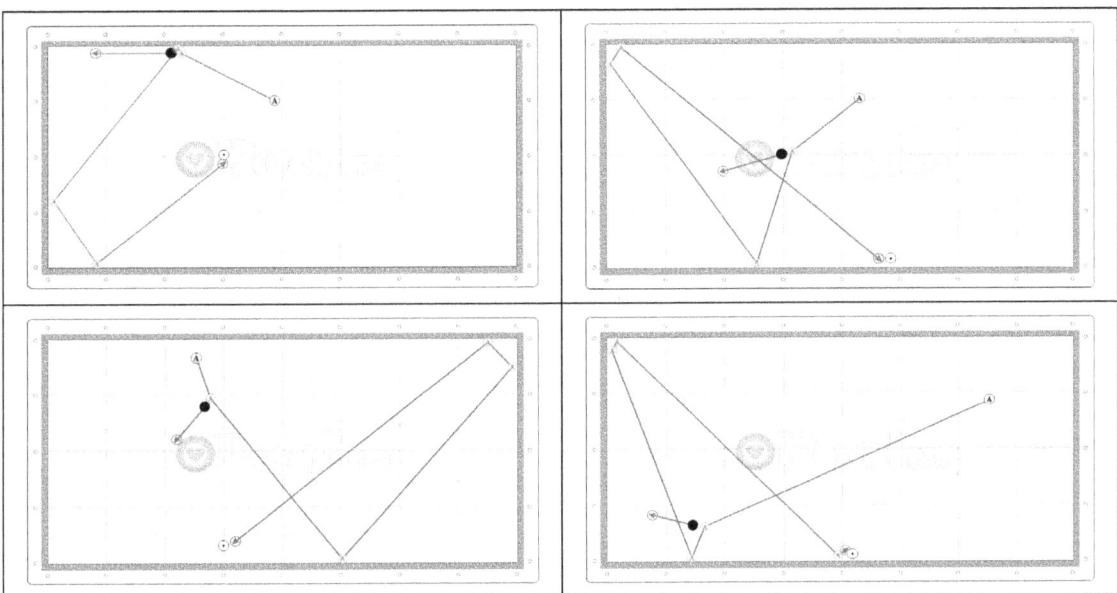

Analisi:

B:1a. _____

B:1b. _____

B:1c. _____

B:1d. _____

B:1a – Impostare

Note e idee:

Modello di colpo

B:1b – Impostare

Note e idee:

Modello di colpo

B:1c – Impostare

Note e idee:

Modello di colpo

B:1d – Impostare

Note e idee:

Modello di colpo

B: Gruppo 2

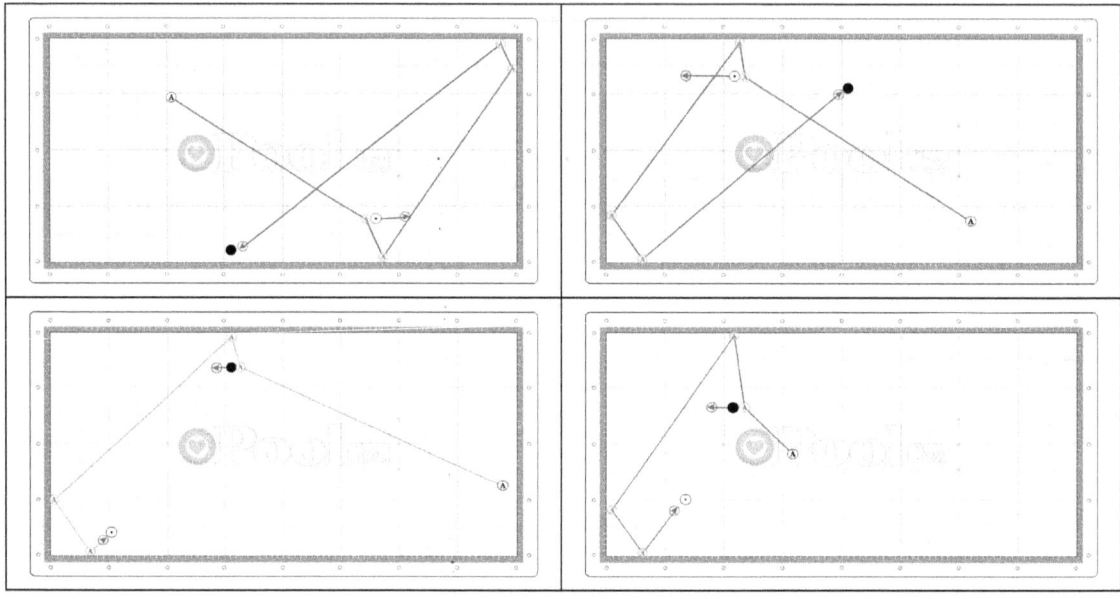

Analisi:

B:2a. _____

B:2b. _____

B:2c. _____

B:2d. _____

B:2a – Impostare

Note e idee:

Modello di colpo

B:2b – Impostare

Note e idee:

Modello di colpo

B:2c – Impostare

Note e idee:

Modello di colpo

B:2d – Impostare

Note e idee:

Modello di colpo

B: Gruppo 3

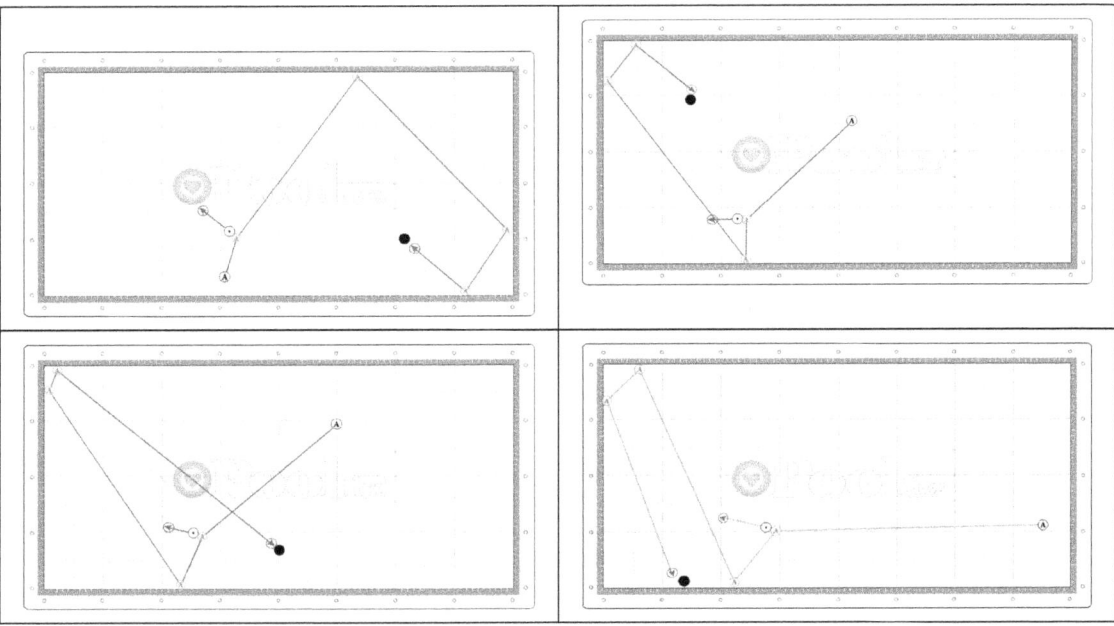

Analisi:

B:3a. _____

B:3b. _____

B:3c. _____

B:3d. _____

B:3a – Impostare

Note e idee:

Modello di colpo

B:3b – Impostare

Note e idee:

Modello di colpo

B:3c – Impostare

Note e idee:

Modello di colpo

B:3d – Impostare

Note e idee:

Modello di colpo

C: In un piccolo angolo

Il (CB) esce dal primo (OB) nell'angolo per i primi due sponde. Quando il (CB) esce dall'angolo, va al sponde lungo opposto. Il (CB) esce dal sponde lungo e nell'altro (OB).

Ⓐ (CB) (la tua palla) - ⊙ (OB) (palla dell'avversario) - ● (OB) (palla rossa)

C: Gruppo 1

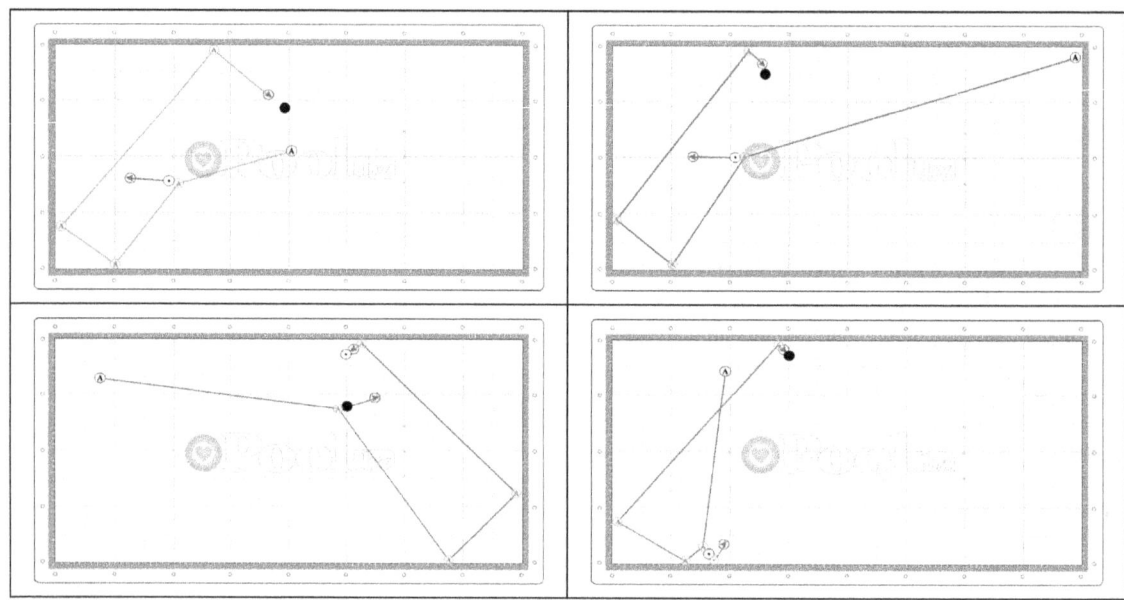

Analisi:

C:1a. _____

C:1b. _____

C:1c. _____

C:1d. _____

C:1a – Impostare

Note e idee:

Modello di colpo

C:1b – Impostare

Note e idee:

Modello di colpo

C:1c – Impostare

Note e idee:

Modello di colpo

C:1d – Impostare

Note e idee:

Modello di colpo

C: Gruppo 2

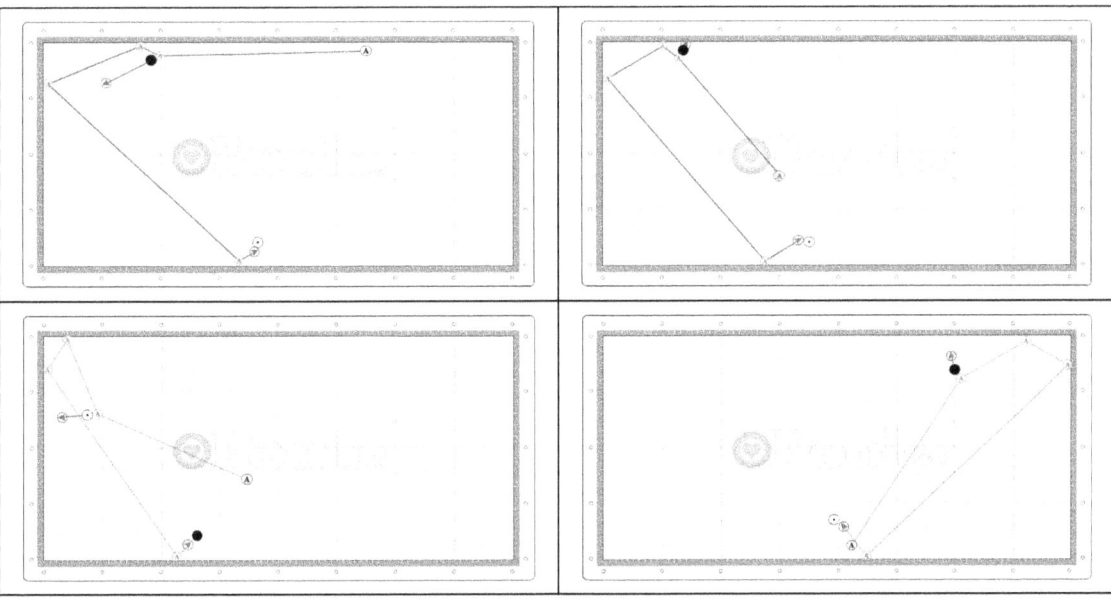

Analisi:

C:2a. _____

C:2b. _____

C:2c. _____

C:2d. _____

C:2a – Impostare

Note e idee:

Modello di colpo

C:2b – Impostare

Note e idee:

Modello di colpo

C:2c – Impostare

Note e idee:

Modello di colpo

C:2d – Impostare

Note e idee:

Modello di colpo

D: All'interno al contrario

Il (CB) si stacca dal primo (OB) verso il primo sponde, con rotazione laterale e rotazione inversa.

Ⓐ (CB) (la tua palla) - ⊙ (OB) (palla dell'avversario) - ● (OB) (palla rossa)

D: Gruppo 1

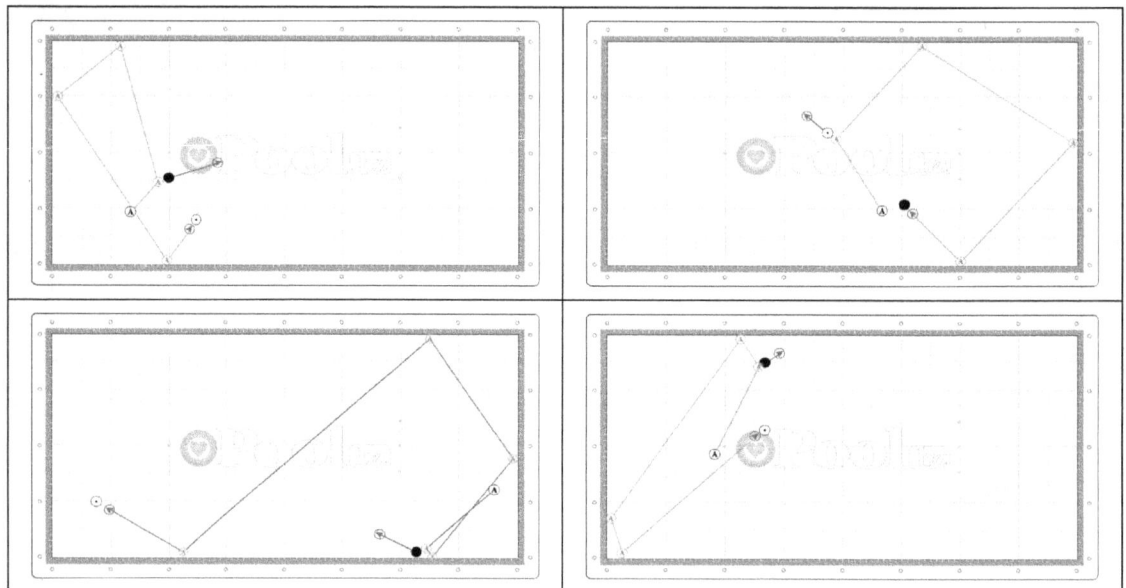

Analisi:

D:1a. _____

D:1b. _____

D:1c. _____

D:1d. _____

D:1a – Impostare

Note e idee:

Modello di colpo

D:1b – Impostare

Note e idee:

Modello di colpo

D:1c – Impostare

Note e idee:

Modello di colpo

D:1d – Impostare

Note e idee:

Modello di colpo

D: Gruppo 2

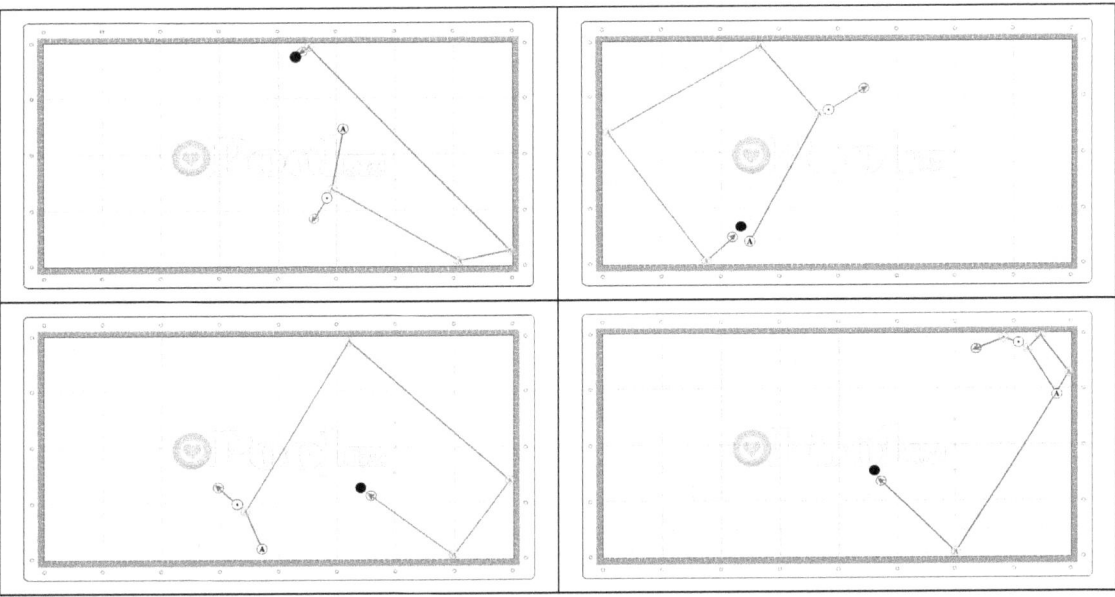

Analisi:

D:2a. _____

D:2b. _____

D:2c. _____

D:2d. _____

D:2a – Impostare

Note e idee:

Modello di colpo

D:2b – Impostare

Note e idee:

Modello di colpo

D:2c – Impostare

Note e idee:

Modello di colpo

D:2d – Impostare

Note e idee:

Modello di colpo

D: Gruppo 3

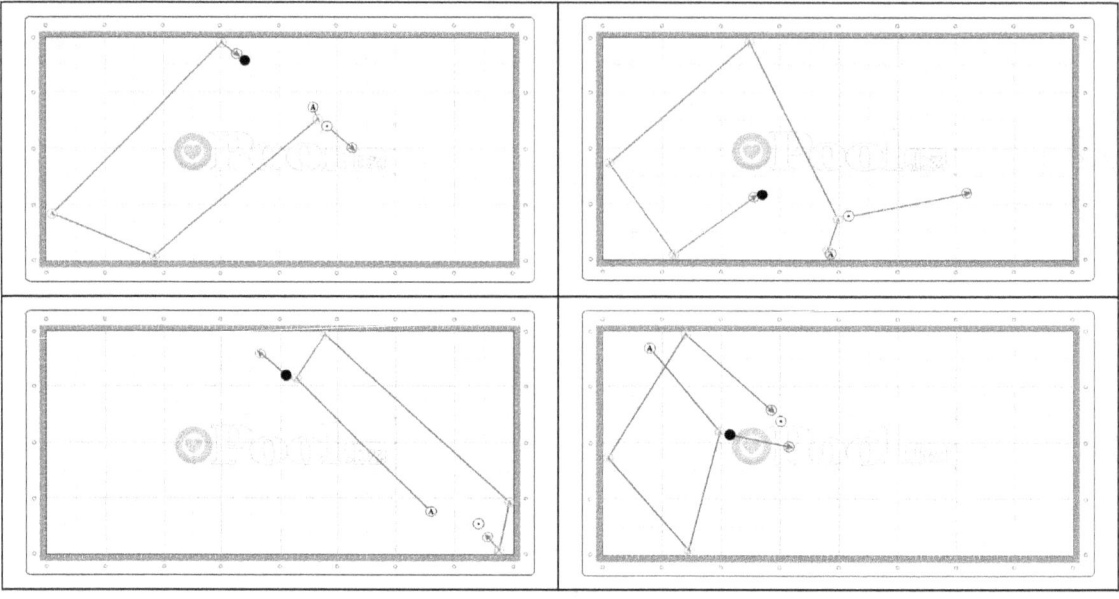

Analisi:

D:3a. _____

D:3b. _____

D:3c. _____

D:3d. _____

D:3a – Impostare

Note e idee:

Modello di colpo

D:3b – Impostare

Note e idee:

Modello di colpo

D:3c – Impostare

Note e idee:

Modello di colpo

D:3d – Impostare

Note e idee:

Modello di colpo

D: Gruppo 4

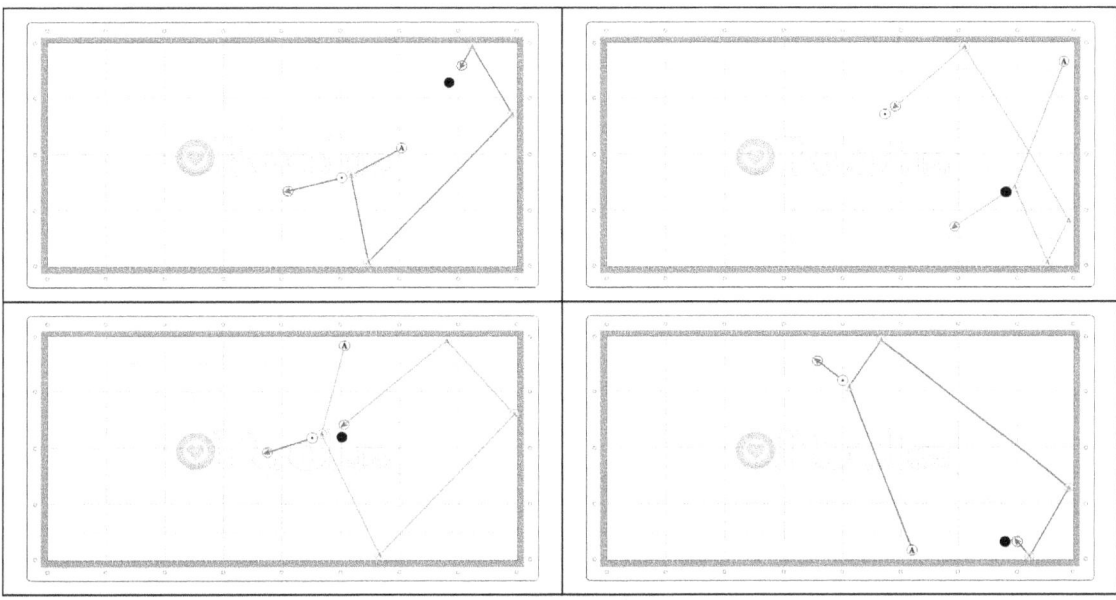

Analisi:

D:4a. _____

D:4b. _____

D:4c. _____

D:4d. _____

D:4a – Impostare

Note e idee:

Modello di colpo

D:4b – Impostare

Note e idee:

Modello di colpo

D:4c – Impostare

Note e idee:

Modello di colpo

D:4d – Impostare

Note e idee:

Modello di colpo

Carambola tre sponde: Modelli di cerchi da mezza tavola

D: Gruppo 5

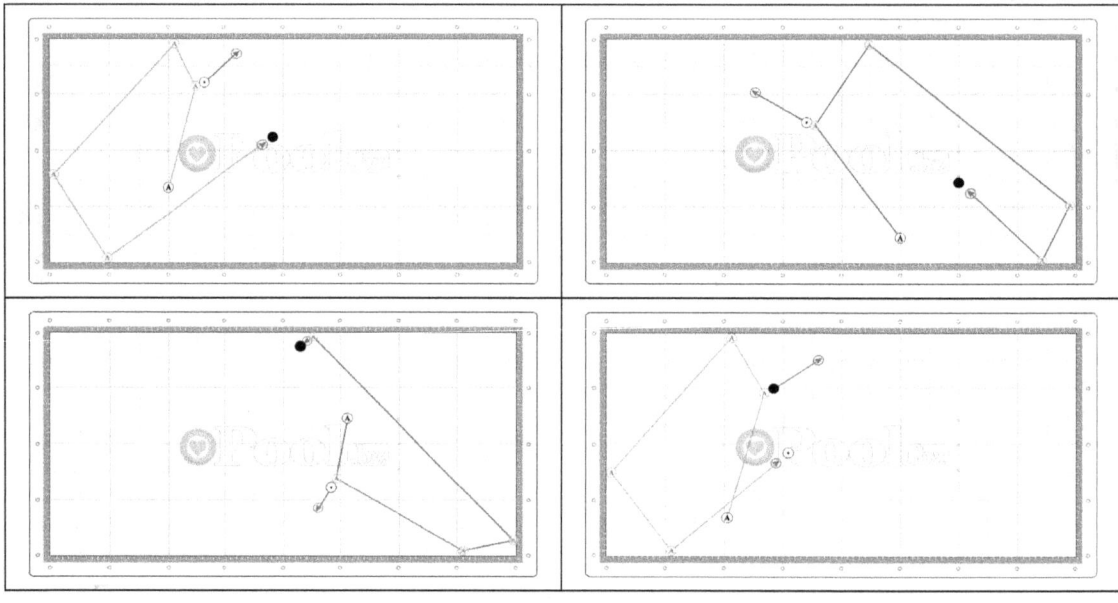

Analisi:

D:5a. _____

D:5b. _____

D:5c. _____

D:5d. _____

D:5a – Impostare

Note e idee:

Modello di colpo

D:5b – Impostare

Note e idee:

Modello di colpo

D:5c – Impostare

Note e idee:

Modello di colpo

D:5d – Impostare

Note e idee:

Modello di colpo

D: Gruppo 6

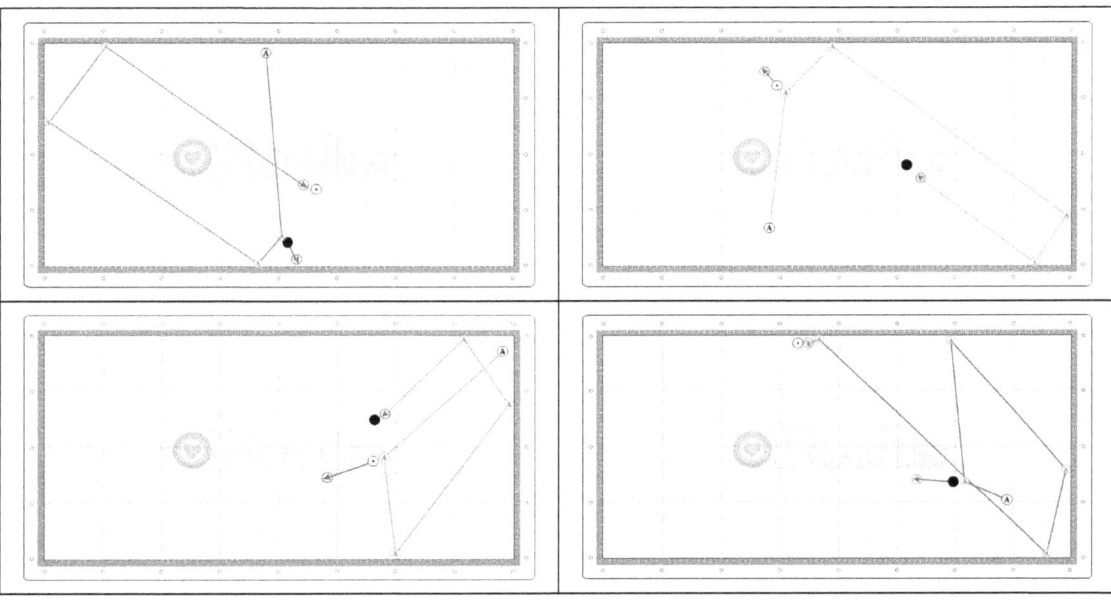

Analisi:

D:6a. _____

D:6b. _____

D:6c. _____

D:6d. _____

D:6a – Impostare

Note e idee:

Modello di colpo

D:6b – Impostare

Note e idee:

Modello di colpo

D:6c – Impostare

Note e idee:

Modello di colpo

D:6d – Impostare

Note e idee:

Modello di colpo

E: Gamba estesa

Il (CB) si stacca dal primo (OB) e segue il modello del cerchio del semipiano. La terza parte del modello si trova al di fuori dell'area di metà tavolo.

(A) (CB) (la tua palla) - ⊙ (OB) (palla dell'avversario) - ● (OB) (palla rossa)

E: Gruppo 1

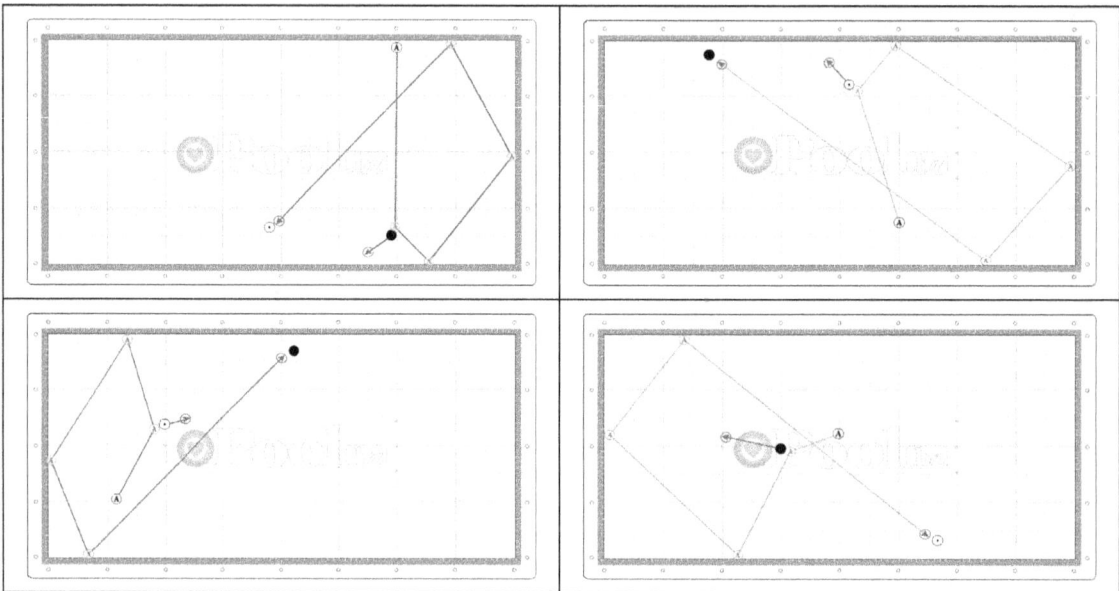

Analisi:

E:1a. _____

E:1b. _____

E:1c. _____

E:1d. _____

E:1a – Impostare

Note e idee:

Modello di colpo

E:1b – Impostare

Note e idee:

Modello di colpo

E:1c – Impostare

Note e idee:

Modello di colpo

E:1d – Impostare

Note e idee:

Modello di colpo

E: Gruppo 2

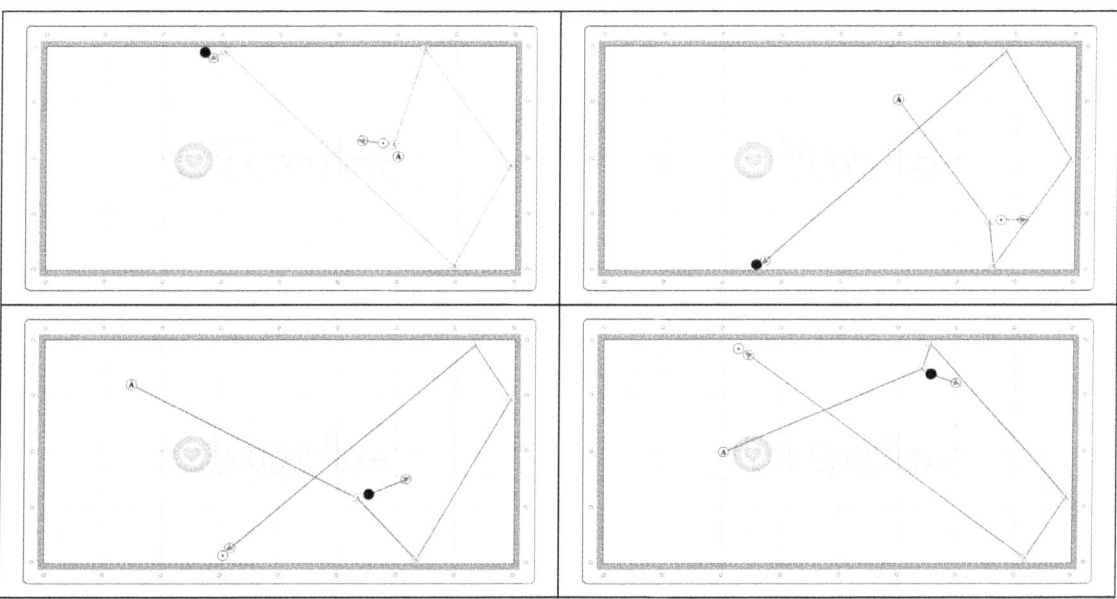

Analisi:

E:2a. _____

E:2b. _____

E:2c. _____

E:2d. _____

E:2a – Impostare

Note e idee:

Modello di colpo

E:2b – Impostare

Note e idee:

Modello di colpo

E:2c – Impostare

Note e idee:

Modello di colpo

E:2d – Impostare

Note e idee:

Modello di colpo

F: Gamba estesa (lunga)

Il (CB) si stacca dal primo (OB) e segue il normale schema circolare del semipiano. Il (CB) viaggia nell'altra metà del tavolo. Questi esempi mostrano il (CB) nel sponde lungo e poi all'altro capo del tavolo per l'altro (OB).

Ⓐ (CB) (la tua palla) - ⊙ (OB) (palla dell'avversario) - ● (OB) (palla rossa)

F: Gruppo 1

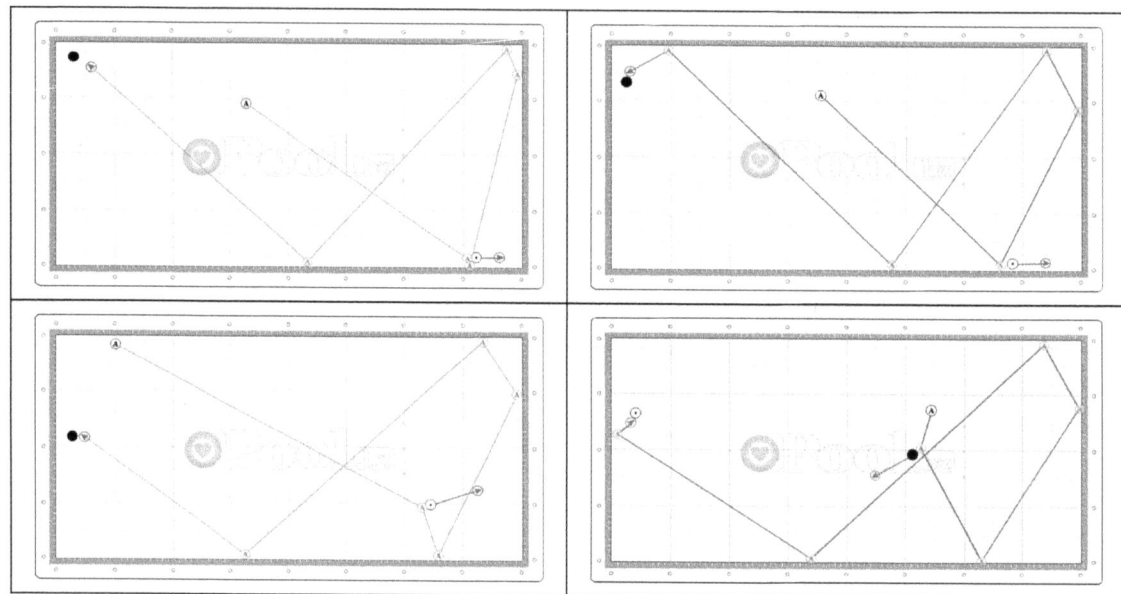

Analisi:

F:1a. _____

F:1b. _____

F:1c. _____

F:1d. _____

F:1a – Impostare

Note e idee:

Modello di colpo

F:1b – Impostare

Note e idee:

Modello di colpo

F:1c – Impostare

Note e idee:

Modello di colpo

F:1d – Impostare

Note e idee:

Modello di colpo

F: Gruppo 2

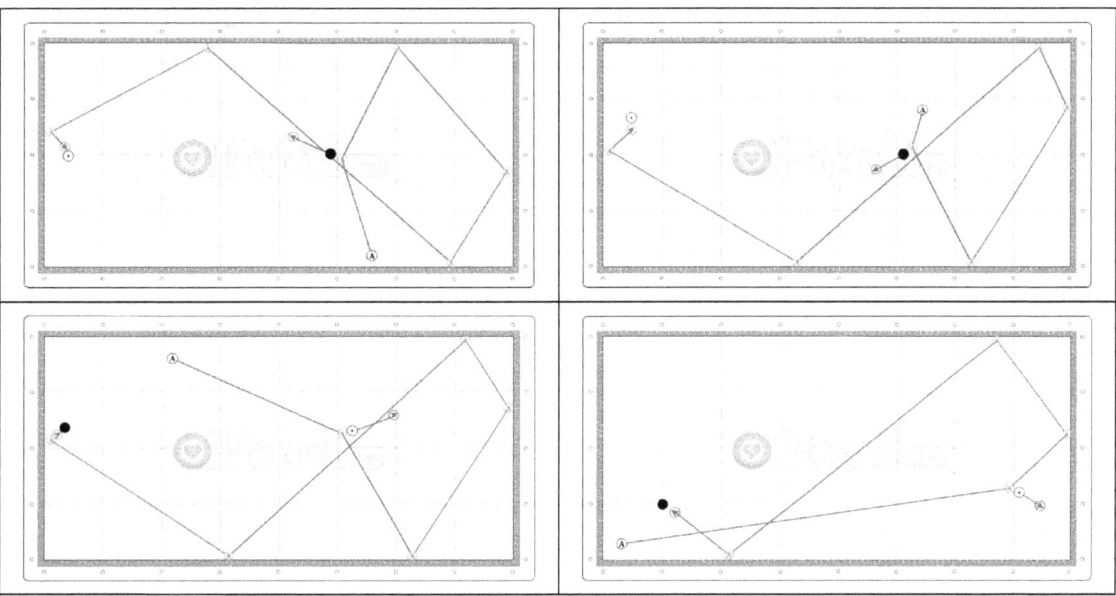

Analisi:

F:2a. _____

F:2b. _____

F:2c. _____

F:2d. _____

F:2a – Impostare

Note e idee:

Modello di colpo

F:2b – Impostare

Note e idee:

Modello di colpo

F:2c – Impostare

Note e idee:

Modello di colpo

F:2d – Impostare

Note e idee:

Modello di colpo

F: Gruppo 3

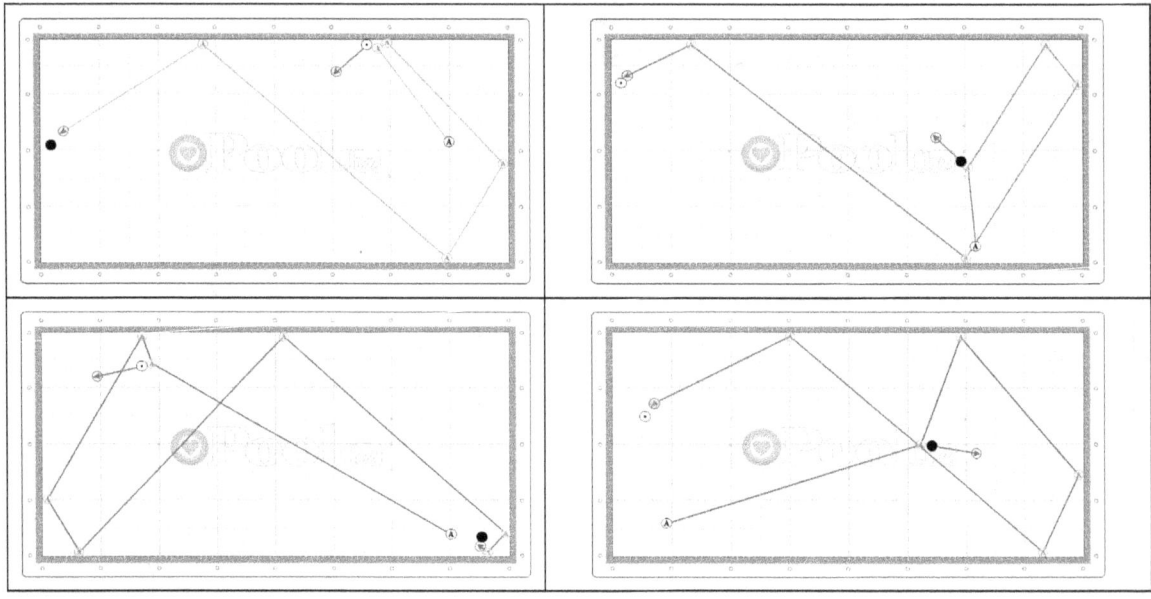

Analisi:

F:3a. _____

F:3b. _____

F:3c. _____

F:3d. _____

F:3a – Impostare

Note e idee:

Shot Patter

F:3b – Impostare

Note e idee:

Modello di colpo

F:3c – Impostare

Note e idee:

Modello di colpo

F:3d – Impostare

Note e idee:

Modello di colpo

www.ingramcontent.com/pod-product-compliance
Lightning Source LLC
Chambersburg PA
CBHW080923170426
43201CB00016B/2248